CHRISTINE PAXMANN

24 Tage noch bis Weihnachten

SPIEL- UND BASTELIDEEN

PATTLOCH

Inhalt

Oh je, 24 Tage bis Weihnachten

Wieder einmal war es soweit: Lena und Jakob saßen an ihren beiden Schreibtischen und schauten aus dem Fenster. Draußen trieben die ersten Schneeflocken, es war der 1. Dezember und noch 24 Tage bis Weihnachten! Wie sollten sie das nur aushalten? Sie konnten es kaum erwarten, aber was konnten sie nur tun, damit die Zeit schneller vergeht? Natürlich hatten sie beide einen Adventskalender, an dem sie jeden Tag ein Türchen öffnen würden, aber das war einfach nicht genug. Jakob spielte ein wenig mit Lollo, seinem grünen Plüschkrokodil, und Lena zupfte an ihrer Puppe Nele. Da klingelte das Telefon. Beide rannte zum Apparat um die Wette. Lena war als erste dort und nahm ab.

»Hallo Kinder«, trompetete Opas Stimme aus dem Telefon, so daß es Jakob, der hinter Lena stand, auch noch hören konnte. »Was treibt ihr, was macht ihr«, fragte er gutgelaunt und verkündete, daß es ihm und Oma prima ginge. Auch daß er jetzt viel Zeit hätte und daß er Oma kaum zu Gesicht kriegen würde, weil sie ununterbrochen Plätzchen backen würde. »Wahrscheinlich ißt du zu viele davon«, meinte Lena und erinnerte sich noch gut an den Sommer, als sie und Opa Popcorn gemacht hatten und für sie nichts mehr übrig blieb.

Opa war quietschvergnügt und wollte hören, ob sie dem Christkind schon bei seinen Weihnachtsvorbereitungen helfen würden. »Wie, dem Christkind bei den Vorbereitungsarbeiten helfen?« fragte Jakob, der mitgehört hatte. »Ja, so hatte man das bei uns bezeichnet, wenn alle in der Vorweihnachtszeit sich die Tage bis zum 24. Dezember verkürzt haben«, erzählte Opa und verkündete, er würde jetzt sofort einen Brief schreiben und seinen Enkeln Tips geben, wie sie dem Christkind bei der Arbeit helfen könnten. Vergnügt wünschte er noch alles Gute und legte auf. Jakob und Lena hoben die Schultern und schauten sich ratlos an. Ein paar Tage später traf ein Brief von Opa ein, in einem roten Umschlag, auf den Opa Nikoläuse und Engel gemalt hatte. Leider konnte man das nur mit viel Phantasie erkennen, denn Opa konnte überhaupt nicht zeichnen. In seiner großen Handschrift hatte er viele, viele Seiten vollgeschrieben mit vielen Spielen und Bastelideen. Die meisten Geschichten hatte er sich wahrscheinlich ausgedacht, sagten sich Jakob und Lena, denn es war unmöglich, daß sich Opa so gut an seine Kindheit erinnern konnte. Wie die meisten Kinder fanden sie nämlich Leute mit grauen Haaren furchtbar alt, und Opa hatte viele davon. Da Opa so viele Seiten geschrieben hatte, für jede Idee eine, hatte Lena einen prima Vorschlag. Sie würden jeden Tag eine Seite des Riesenbriefes lesen und hätten dann so jeden Tag etwas zum Spielen oder Basteln. Opa war einfach genial.

24 Schachteln bis Weihnachten

»Als erstes müßt Ihr einen Adventskalender basteln«, schrieb Opa. »Leider braucht Ihr ein wenig Geduld, denn das Basteln dauert lange und das Aufmachen ja erst recht, weil man jeden Tag nur ein Kästchen aufmachen darf. Und zwar sollt Ihr Euch einen Schachtelkalender basteln. Da Ihr zu zweit seid, muß es ein Doppelschachtelkalender werden.«

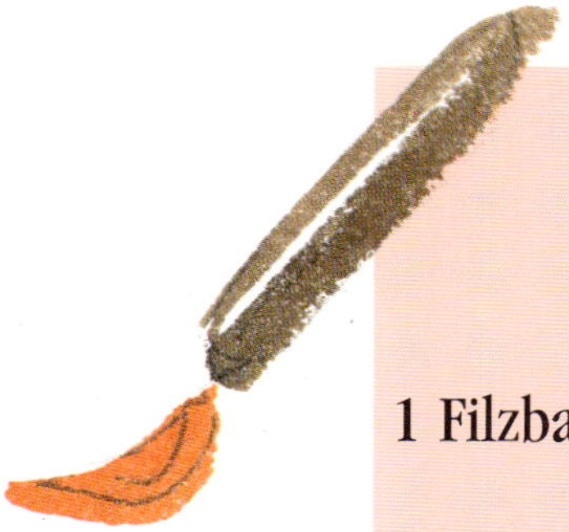

Für den Kalender braucht Ihr:
48 leere Streichholzschachteln
(die Streichhölzer herausnehmen),
Klebstoff,
1 Filzbandstreifen (etwa 1 m lang und 12 cm hoch),
Plakafarben rot, gelb, blau, grün.

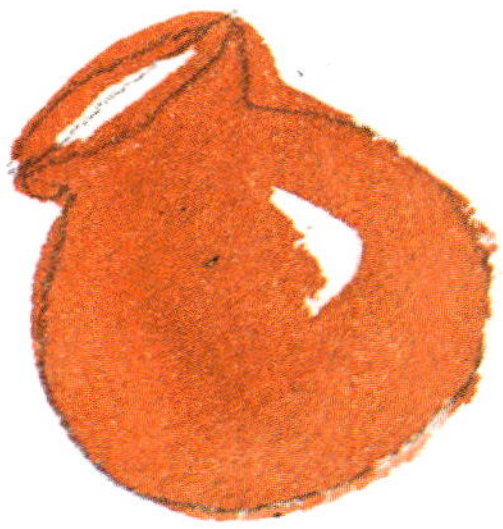

»Als erstes müßt Ihr alle Streichholzschachteln mit den Streichhölzchen bekleben. Dazu streicht Ihr die Oberseite der Schachteln mit Klebstoff ein und pappt die Streichhölzer ganz eng nebeneinander darauf. Dann malt Ihr die Streichholzoberfläche mit den Plakafarben rot, gelb, blau und grün an. Wer will, kann dann, wenn die Farben getrocknet sind, noch lustige Wischer draufsetzen.«

Dann wird das Filzband angefertigt. Dazu muß der Filz in der Höhe von zwei Streichholzschachteln geschnitten werden. In der Länge müssen genau 24 Schachteln nebeneinander Platz haben. Dann werden immer zwei Schachteln übereinander und 24 nebeneinander so auf die Filzbahn geklebt, daß alle Farben immer abwechselnd erscheinen. Wer will, kann die Schachteln, die übereinander sind, immer in der gleichen Farbe wählen. In die Schächtelchen werden nun kleine Geschenke gesteckt. Lena füllt Jakobs und Jakob Lenas Schachteln, so weiß keiner, was er jeden Tag bekommt.

Die Geschenke müssen nicht groß sein. Gut eignen sich Gummibärchen, Pfennige, Fotoecken, Büroklammern, selbstgemalte Zettelchen mit lieben Worten drauf oder ein Stückchen Schokolade. Also lauter Dinge, die so groß sind, daß sie in eine Streichholzschachtel passen. Lena und Jakob machten sich begeistert an die Arbeit und waren einen Nachmittag lang unansprechbar. Am Abend hing dann ein wunderschöner bunter Adventsschachtelkalender an der Tür, und jeden Tag durften Lena und Jakob nun eine kleine Überraschung erwarten. Übrigens, die Schachteln des 24. Dezember hatten sie besonders schön angemalt.

Piepmätze brauchen Winterhilfe

»Vor meinem Fenster sitzt gerade eine kleine Kohlmeise und schnabuliert die Reste aus Omas Keksdose aus«, schrieb Opa in seiner nächsten Geschichte. »So kann man den Vögeln natürlich auch helfen, ihr Futter zu finden, aber wer hat schon immer eine leere Keksdose mit Bröseln zur Hand?« Außer Opa sicher niemand, dachten sich Lena und Jakob, die wieder an Opas Plätzchenverbrauch denken mußten. »Ein besseres Mittel ist, einen Meisenknödel zu basteln«, schrieb er und legte eine Materialliste bei.

<u>Für den Knödel braucht Ihr:</u>

Palminfett,
Haferflocken,
Sonnenblumenkerne, Rosinen,
Netze, in denen Zitronen oder Orangen verpackt waren.

»Ihr müßt das Palmin, natürlich nicht das Ganze, nur ein Stück, so groß wie ein Eßlöffel, warm machen, so daß es zerrinnt. Dann mischt Ihr Sonnenblumenkerne, Haferflocken und Rosinen darunter. Das Fett soll nur dazu dienen, alles schön zusammenzuhalten. Ihr könnt also viele Kerne hineinschütten. Dann füllt Ihr die Masse zum Erkalten in kleine Gläser. Ist die Masse hart, müßt Ihr das Glas kurz unter heißes Wasser halten, damit sich die feste Masse löst. Den Meisenknödel, den Ihr nun erhaltet, steckt Ihr in den untersten Teil eines Orangen- oder Zitronennetzes, so daß das Netz schön gespannt ist und oben soviel dranbleibt, daß Ihr eine Schnur darum binden könnt. An dieser Schnur kann man nun das Säckchen an einen Strauch oder Baum binden, und Ihr werdet sehen, daß bald ein Vogelwettfliegen um den Inhalt des Knödels beginnt.«

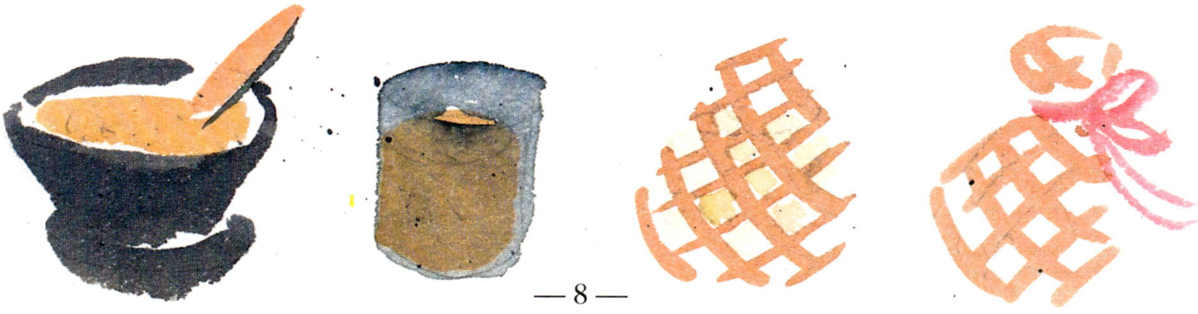

»Und damit alle Vögel auch genug Futter finden«, schrieb Opa noch, »gebe ich Euch nun die Anleitung zum Bau eines Vogelhäuschens.«

FÜR DAS HÄUSCHEN BRAUCHT IHR:
2 Holzbrettchen (20 × 20 cm),
1 Handbohrer,
Schnüre (gut 5 mm dick),
4 kleine Holzleisten (je 20 cm lang),
Holzkleber,
Tannenzweige.

»In die beiden Holzbrettchen bohrt Ihr mit dem kleinen Handbohrer an allen vier Ecken Löcher rein. Dann teilt Ihr von der Schnur vier gleich große Stücke ab (jedes ungefähr 50 cm lang). In alle vier Schnüre macht Ihr am Ende einen dicken Knoten. Nun steckt Ihr beim ersten Brettchen durch jedes gebohrte Loch eine Schnur, so daß der Knoten immer unter dem Brettchen liegt. Dann wird an allen vier Schnüren nach 15 cm wieder ein Knoten gemacht und das andere Holzbrettchen als Dach darüber gesteckt. Nun nochmals oberhalb des zweiten Brettchens alle Seile mit Knoten versehen, und dann alle vier Seile miteinander in der Mitte des Dachs verknoten. Mit den Tannenzweigen wird nun das Dach getarnt. Die überhängenden Zweige geben gleichzeitig einen guten Windschutz für das Futter ab. Jetzt klebt Ihr an den Rand des Bodens noch die kleinen Holzleisten, damit das Futter nicht herausfällt. Wenn Ihr nun das Häuschen an einem Baum aufhängt, laßt einen genügend langen Abstand zum Ast, damit keine Katze die Vögel beim Fressen stört. Jetzt könnt Ihr jeden Tag Haferflocken, Rosinen und Sonnenblumenkerne nachlegen, denn Ihr werdet sehen, Euer Vogelhäuschen wird der Partytreff für alle kleinen Piepmätze, die den Winter bei uns verbringen.«

Das rote Sockenfest

»Das müßt Ihr unbedingt machen, ach, wenn ich könnte, würde ich sofort kommen und heimlich ein wenig zugucken. Das Ganze heißt: rote Sockenfest, und wird am besten am Nikolaustag gefeiert. Wenn dann nämlich der Nikolaus vorbeikommt, hat er was zu lachen, und das freut ihn, wo er doch sonst immer so ernst sein muß. Also, liebe Lena, lieber Jakob, das Wichtigste am roten Sockenfest sind? Na? Richtig, die roten Socken! Also jeder, der eingeladen wird, bekommt seine Einladung mit einer roten Socke geschickt.«

FÜR DIE SOCKEN BRAUCHT IHR:
pro Gast und für euch selber je ein Paar weiße Socken,
rote Textilfarbe,
schwarze Seidenmalkonturfarbe oder ein Textilfilzstift.

»Alle Socken werden in einem Eimer rot gefärbt (die Anleitung entnehmt Ihr dem Farbenpäckchen). Dann schreibt Ihr auf jeweils eine Socke Eure Einladung mit dem Filzstift oder der Konturfarbe und steckt sie zum Verschicken in einen Briefumschlag. Die andere Hälfte des Sockenpaares hebt Ihr auf bis zum Fest. Auf der Einladung muß natürlich unbedingt stehen, daß alle in roten Kleidern erscheinen müssen. Zum Fest gibt es dann rote Bratäpfel.«

FÜR DIE BRATÄPFEL BRAUCHT IHR:
soviel Äpfel wie Kinder,
gemahlene Mandeln,
Rosinen, Zimt, Zucker,
Aprikosenmarmelade.

Zunächst werden die Äpfel mit einem Küchenmesser von ihrem Kernhaus befreit. Wichtig ist, daß das Kernhaus nicht bis unten hin ausgeschnitten wird, sondern nur als Trichter. Dann werden Mandeln, Rosinen und die Aprikosenmarmelade zu einer Masse gerührt. Inzwischen wird der Ofen vorgeheizt auf 180 °C. Nun füllt man mit einem Teelöffel in jeden Apfel die angerührte Füllung. Obendrauf wird ein bißchen Zimt und Zucker gestreut. Alle gefüllten Äpfel werden nun in Staniolpapier verpackt, aber darauf achten, daß man sie nach dem Braten wieder gut aufbekommt, also mit einem kleinen Schnippelchen oben versehen. Dann werden die Staniolapfelkugeln schön ordentlich auf ein Backblech gesetzt und in den heißen Ofen geschoben, wo sie gut eine Stunde vor sich hinblubbern. Das kann man alles wunderbar während des Festes machen, denn das Füllen von Bratäpfeln kann eine Gemeinschaftsaktion sein. Wie die aussähe, wenn Opa dabei wäre, konnten sich sowohl Lena als auch Jakob denken: Opa würde die Schüssel auslecken, gute Ratschläge geben, mit dem Stock aufstampfen, und die anderen würden arbeiten.

Bis die Äpfel gar sind, kann das Rote-Socken-Suchspiel stattfinden. Wir haben ja noch die andere Hälfte der roten Sockenpaare übrig. Auf jede Socke wird mit dem Filzstift oder der Konturfarbe der Name eines Kindes geschrieben, und alle Socken werden anschließend versteckt. Das müssen natürlich die Gastgeber Lena und Jakob tun, und für sich selber müssen sie die Socken gegenseitig verstecken. Nun schwärmen alle aus und suchen ihre zweite Socke. Derjenige, der eine Socke findet, muß schauen, ob sein Name draufsteht, und er darf nur die für ihn richtige Socke aufheben. Wer als erster seine Socke gefunden hat, ist Sockensieger.

Jetzt kann man das Spiel natürlich auch noch richtig schön gemein machen, indem man die Socken, die man zwar findet, aber die einem nicht gehören, wieder woanders versteckt. So können auch keine Tips gegeben werden, wo sich Sockenverstecke befinden. Opas diebische Freude an diesem Schabernack kann man sich vorstellen. Haben schließlich alle zwei rote Socken an, gibt‘s roten Kinderpunsch zu dem Bratapfel.

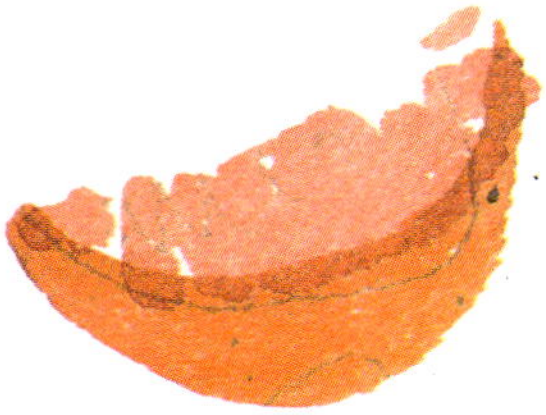

Für den Punsch braucht Ihr für 8 Personen:

10 Blutorangen,
1 Liter schwarzen Tee,
Zucker, Vanillezucker,
Zimt.

Die Blutorangen werden ausgepreßt, und der Saft in den Topf mit dem heißen schwarzen Tee geschüttet. Dann wird das Ganze nochmals erhitzt und mit Zucker, Vanillezucker und Zimt abgeschmeckt. Am besten garniert man dann jede Tasse mit einer Orangenscheibe, die eingeritzt über den Tassenrand gestülpt wird. Zu guter Letzt gibt es noch ein Socken-Ratespiel. Zwei Kinder halten ein Leinentuch so weit weg vom Boden, daß nur die Socken der Kinder, die dahinterstehen, rausgucken. Ein Kind wird zum Raten herausgesucht. Nun versuchen alle Kinder, unter dem Vorhang auf einem Bein zu stehen, und der Rater muß bei mindestens zwei Füßen erraten, wem sie gehören. Natürlich macht es keinen Sinn, die Socken anzuziehen, auf denen der richtige Name draufsteht. Deshalb tauschen alle ihre Socken vorher aus – so daß es richtig schön schwierig wird. Am Schluß dürfen alle ihr eigenes Sockenpaar mit nach Hause nehmen, und jeder hat so eine tolle Erinnerung an ein ungewöhnliches Nikolausfest.

Nikolaustrio

»Unbedingt notwendig und unverzichtbar ist ein Nikolaus zum Aufstellen«, schrieb Opa in seiner etwas altertümlichen Art, und er begann gleich mit der Bastelanleitung.

FÜR DEN NIKOLAUS BRAUCHT IHR:
rotes Tonpapier (50 × 70 cm),
weiße und schwarze Plakafarbe,
Lineal, Messer, Schere,
Watte und Klebstoff.

»Ein Nikolaus ist ja langweilig«, schrieb der Opa, »unser Nikolaus kriegt gleich noch zwei Nikolausbrüder dazu. Ihr müßt dazu als erstes das rote Tonpapier in drei gleiche Teile der Breite nach unterteilen. Dann ritzt Ihr an den Stellen die Pappe mit einer Messerspitze und einem Lineal ein. Nun preßt Ihr die drei Teile im Zickzack-Falz fest aufeinander. Dann zeichnet Ihr mit Bleistift einen Nikolauskopf auf die oberste Seite und schneidet die Kontur durch alle Teile durch aus. Nun habt Ihr drei Nikoläuse, die Ihr mit Augen, Bart und Mund sowie Mützenrand und Bommeln (Quasten) für den Mantel versehen müßt.«

»Die Augen werden schwarz und weiß aufgemalt. Mit Watte wird der Bart angeklebt und der Mützenrand gefertigt. Die Mantelbommeln werden aus Wattebällchen gemacht und ebenfalls aufgeklebt. Nun kann man, wenn man will, auch noch schwarze Stiefel malen, die alle in verschiedene Richtungen gucken. Dieses Nikolaustrio könnt Ihr jetzt auf den Tisch, ans Fenster oder einfach in den Raum stellen, und Ihr werdet sehen, nach einer Weile gehören die drei zur Familie.«

Wer mag, kann nach dieser Methode auch eine Nikolausgirlande machen. Dafür wird ein 3 m × 20 cm langer roter Streifen jeweils im Abstand von 15 cm im Zickzack gefalzt und daraus werden ebenfalls in gefaltetem Zustand, die Nikolauskonturen ausgeschnitten. Das Aufkleben der Watteteile und Aufmalen der Augenpaare macht natürlich jetzt viel mehr Arbeit als bei dem Trio, weil die Girlande ja viel mehr Nikoläuse hat. »Aber für Kinder wäre das eine schöne Übung«, schrieb Opa besserwisserisch, und man merkte deutlich, daß er noch nicht einmal die Geduld für einen Nikolaus hatte.

Tierweihnacht

»Bevor Ihr Geschenke bastelt, braucht Ihr Geschenkpapier«, stellte Opa fest und verriet in seinem Brief aber nicht wieso. »Die wilden Tiere in Afrika feiern auch gerne Weihnachten, und deshalb würde ich ein afrikanisches Weihnachtspapier machen«, erklärte Opa.

FÜR DAS GESCHENKPAPIER BRAUCHT IHR:
verschiedene Pappen,
Putzschwämmchen,
Plakafarben,
1 Zahnbürste,
großes, weißes, dünnes Papier (etwa 50 × 70 cm).

»Zunächst müßt Ihr auf die Pappen verschiedene Tierformen aufmalen: einen Tiger, einen Elefanten, ein Nilpferd. Dann schneidet Ihr diese Formen aus und ritzt noch Falten, Augen, Ohren und Nasenlöcher sowie Tigerstreifen ein. Diese Schablonen verteilt Ihr nun locker auf dem weißen Papier. Dann wird die nasse Zahnbürste in flüssige Plakafarbe getaucht, und mit dem Finger bürstet Ihr so über die Borsten, das die Farbe aufs Papier spritzt. Vielleicht übt Ihr ein bißchen vorher, damit nicht so ganz große Kleckse entstehen, besser ist ein feiner Sprühnebel.«

Wie Opa mit seinen dicken Knubbelfingern feine Sprühnebel erzeugen wollte, konnten sich Jakob und Lena zwar nicht vorstellen, aber sie sollten ja auch selber Geschenkpapier basteln. Opa wußte schon, warum er nur die Gebrauchsanleitungen lieferte und ganz fachmännisch erklärte:
»So jedenfalls müßt Ihr mit dem ganzen Blatt Papier verfahren, bis alles mit Tigern, Elefanten und Nilpferden übersät ist. Das Ganze nennt man Schablonentechnik.«
Klar, daß Opa bei diesem Satz wissend über seine Brille geguckt und den Zeigefinger gehoben hat. Jakob machte es nach. Lena ringelte sich vor Lachen und las weiter aus Opas Brief vor:

»So, nun habt Ihr aber erst ein Urwaldgeschenkpapier und kein afrikanisches Weihnachtspapier. Deshalb müßt Ihr aus dem Putzschwämmchen auf der blauen, rauhen Seite noch Sternenstempel ausschneiden, und zwar so, daß der Stern stehenbleibt und rund um ihn das Schwämmchen weggeschnitten wird. Diesen Stern taucht Ihr jetzt in goldene Plakafarbe und tupft ihn immer zwischen die Tiere. Bald schon entsteht ein wunderbares, weihnachtliches Afrikatierbild. Wenn Ihr die Tiere in verschiedenen Farben herstellt, habt Ihr die tollste Auswahl an Geschenkpapier zum Verpacken. Tja, jetzt braucht Ihr nur noch die Geschenke, und schon kann der 24. Dezember kommen.«
Opa hat leicht reden. Das war ja alles furchtbar viel Arbeit. Die Zeit bis Weihnachten würde kaum langen.

Nikolauswettrennen

»Ha, tolle Sache, habe ich gerne gespielt und war immer Sieger«, flunkerte Opa in seinem Brief, und Lena und Jakob sahen ihn schon mit einem Auge zwinkern. »Auf die Plätze, Nikolaus, los« heißt das Ganze.

<u>FÜR DAS SPIEL BRAUCHT IHR:</u>
4 Papierstreifen (14 × 3 cm),
eine DIN-A-4-Pappe,
Klebstoff.

Die Nikoläuse werden wie auf unserer Zeichnung ausgeschnitten. Opa hatte das richtig schön aufgemalt, aber wahrscheinlich hatte ihm Oma dabei geholfen. Opa erklärte: »Das sind die Spielfiguren. Jetzt braucht Ihr nur noch einen Würfel, und den bastelt Ihr ebenfalls aus Pappe. Bevor Ihr ihn wie aufgezeichnet ausschneidet, malt noch mit Filzstift die Augen auf, denn später, wenn er zusammengeklebt ist, wird's schwieriger. Dann klebt Ihr die Laschen aneinander und schließt den Würfel. So, einmal probewürfeln, und los geht's.«

Der Parcours, den die Nikoläuse durchlaufen müssen, ist mit Hindernissen übersät. Werden die verschieden farbigen Felder angewürfelt, muß man sich den Anweisungen entsprechend verhalten. Welcher Nikolaus als erster den Stall mit den Rentieren erreicht hat, ist Sieger und bekommt den Rentierorden verliehen. (Übrigens, in Amerika heißen die Rentiere Rudolf und haben leuchtend rote Nasen.)

Zahlen backen

»Und weil ich weiß, daß Ihr es gar nicht erwarten könnt bis Weihnachten, verrate ich Euch das Rezept für gebackene Zahlen. Da kann sich jeder von Euch Zahlen von 1–24 backen und jeden Tag ein Zahlenplätzchen essen. Wenn Ihr mit der 24 anfangt, wißt Ihr immer, wieviel Tage es noch bis Weihnachten sind. Zum Backen braucht Ihr ein bißchen Geduld, aber die habt Ihr ja beide«, schrieb ein sicher schmunzelnder Opa.

FÜR DEN TEIG BRAUCHT IHR:

100 g Butter,
250 g Honig,
150 g Zucker,
1 Eßlöffel Pfefferkuchengewürz,
1 Ei,
1 Prise Salz,
1 Teelöffel Kakao,
500 g Mehl,
1 Teelöffel Backpulver,
Mehl zum Ausrollen.

1.

In einem großen Topf Butter, Honig und Zucker verrühren. Bei schwacher Hitze so lange erhitzen, bis sich der Zucker gelöst hat. Den Topf vom Herd nehmen.

2.

Pfefferkuchengewürz, Ei, Salz und Kakao dazugeben. Mehl und Backpulver mischen und mit den Händen unterkneten, bis ein glatter Teig entstanden ist.
Teig in einer Schüssel bei Zimmertemperatur 3–4 Stunden stehen lassen. Inzwischen die Zahlen von 1–24 aus Papier oder Pappe ausschneiden.

3.

Teig auf bemehlter Arbeitsfläche etwa 1 cm dick zu einem Streifen von 20 × 42 cm ausrollen, und mit den Zahlenschablonen die Zahlen ausschneiden. Teigreste nochmals ausrollen und weitere Zahlen ausschneiden.

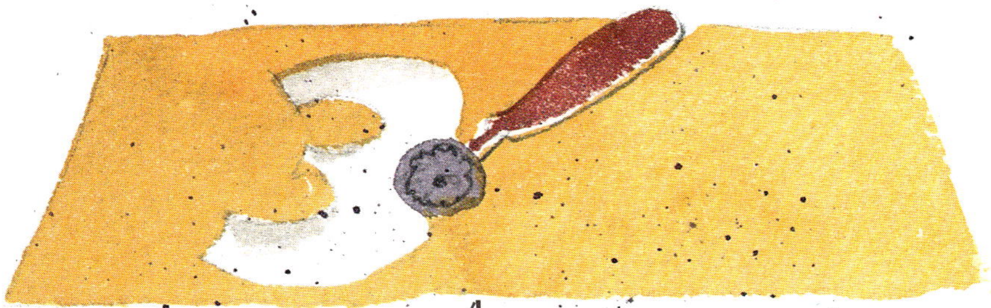

4.

Die Zahlen auf ein mit Backpapier ausgelegtes Backblech legen. Im vorgeheizten Backofen bei 200 °C (Gas Stufe 3) 12 -15 Minuten backen.

P.S. schrieb Opa: »Bitte schickt mir doch auch ein paar Zahlen, vielleicht ein paar hohe wie 88 oder 99, da ist mehr zu knabbern dran als nur an einer Eins.«

Suchbild

Da hatte sich Opa aber viel Mühe gegeben. Er hatte Lena und Jakob ein Nikolaussuchspiel gemalt und eine Belohnung ausgesetzt: Wer als erster wußte wieviele Nikoläuse sich auf diesem Wuselbild versteckt haben, sollte von Opa einen Schal geschenkt bekommen.
Übrigens, auch die Auflösungszahl hat sich auf dem Bild versteckt!

Weihnachtsbaum aus Papier

»Ihr solltet Euch einen Weihnachtsbaum zulegen, der nicht nadelt. Ich weiß aus eigener Erfahrung, daß diese Nadeln nur Ärger machen«, schrieb Opa in seinem Riesenbrief. Die Kinder wußten natürlich, woher dieser Ärger kam, denn sie konnten sich noch gut an ein Weihnachten bei Oma und Opa erinnern, an dem Oma wie eine Wilde jeden Tag mit Kehrrichtschaufel und Besen unter dem Baum herumfegte und Opa beschuldigte, es würde an seinem Pfeifenqualm liegen, daß der Baum so nadelt.
Deswegen lasen sie begierig die Bastelanleitung, die Opa ihnen geschickt hatte, um einen garantiert nadelfreien Baum zu bekommen.

FÜR DEN BAUM BRAUCHT IHR:
2 grüne Tonpapierpappen (70 × 100 cm),
Filzstift, Schere, Lineal,
rotes und gelbes Tonpapier, Klebstoff.

»Zuerst falzt Ihr beide Tonpapiere in der Mitte der Länge nach. Dann wird auf einer Hälfte ein Zackenmuster wie auf der Skizze aufgezeichnet. Mit der Schere werden die Zacken ausgeschnitten, und die beiden Tonpapiere werden wieder aufgeklappt. Nun schneidet Ihr in die eine Zackenform von unten einen Schlitz bis zur Hälfte hinein und in die andere von oben. Jetzt könnt Ihr die Formen wunderbar ineinanderstecken.«

»Es sieht schon fast wie ein Weihnachtsbaum aus«, meinte Opa als Zwischenbemerkung zu seiner Bastelanleitung.

»Natürlich müßt Ihr auch diesen Baum schmücken. Dazu werden sechs ungefähr 20 cm lange Streifen aus dem roten Tonpapier ausgeschnitten, in der Mitte zusammengeklappt und wie eine Kerzenform am Knick ausgeschnitten. Nun könnt Ihr beide Hälften aneinanderkleben, am unteren Ende klebt Ihr dann die Kerzen rechts und links an den Papierästen fest.«

»Unverzichtbar sind auch Sterne. Dazu braucht Ihr das gelbe Tonpapier. Die Sterne werden genauso gefertigt wie der Weihnachtsbaum. Immer in zwei quadratische Papiere von 10 × 10 cm wird ein Sternmuster geschnitten. Das geht am leichtesten, wenn Ihr die Papiere viermal knickt und dann die Zacken wie auf der Skizze ausschneidet. Dann wird in jede Sternform, wie beim Weihnachtsbaum beschrieben, ein Schlitz geschnitten, und die beiden Hälften werden ineinandergesteckt. Immer zwei Sterne verbindet Ihr nun mit einem Bändchen und hängt sie an einen Papierast.«

Vorher hat man allerdings in den Papierast eine kleine Kerbe geschnitten, damit die Sterne nicht herunterrutschen. »Jetzt kommt es nur auf Euren Fleiß an«, schrieb Opa, »ob Ihr viele Sterne am Baum habt oder nicht. Aber ist das nicht ein toller Baum? Bitte macht ein Foto und schickt es mir.«

Stofftiere festlich angezogen

»Also, Eure Lieblingsstofftiere können an Weihnachten nicht so aussehen wie sonst, die brauchen doch ein Festtagsgewand!« schrieb Opa und legte gleich los mit einer Bastelanleitung für Stofftierfesttagsgewänder. Für Lollo, das Plüschkrokodil, schlug er folgendes vor: »Lollo bekommt eine Krone und ein Schlauchkleid aus golddurchwirkter Wolle.«

FÜR KRONE UND KLEID BRAUCHT IHR:
1 Knäuel Wolle mit Goldfäden,
1 Häkelnadel,
1 Goldpapier, Schere.

»Die Krone ist einfach zu machen: Ihr schneidet von einem 30 cm langen Goldpapier einen 6 cm breiten Streifen ab und knickt ihn alle 2 cm im Zickzack. Dann schneidet Ihr eine Seite zur Zackenform und faltet das Ganze auseinander. Die beiden Enden werden aufeinandergeklebt, und schon hat Lollo eine perfekte Krone.«

Ein bißchen schwieriger ist das mit dem Schlauchkleid. Das muß nämlich gehäkelt werden. Dazu braucht man die goldene Wolle und die Häkelnadel. Zuerst müssen Luftmaschen in der Länge gemacht werden, bis sie um Lollos dickste Stelle herumgehen. Dann schließt man den Luftmaschenkreis und häkelt nun so lange Stäbchenmaschen rund herum weiter, so lange bis ein Goldschlauch entstanden ist, der Lollo vom Hals bis zum Schwanz paßt. (Wer kein Plüschkrokodil zu Hause hat, kann das hübsche Gewand natürlich auch für Teddybären anfertigen.) Bei Lollo wird am Schwanzende der Schlauch mit einer Goldschleife zusammengebunden. Dazu wird goldenes Geschenkband durch die Stäbchenmaschen gezogen und zur Schleife gedreht. Bei Teddybärkleidchen werden an beiden Schultern je eine Schleife angesetzt, damit das Kleid nicht rutscht.

Damit Teddys dann nicht frieren, denn so schulterfreie Kleider sind im Winter doch recht kühl, wird noch ein roter Umhang genäht.

Für den Umhang braucht Ihr:
roten Filz (20 × 30 cm),
Schere,
Goldband.

Der Filz wird wie auf dem Schnittbogen zugeschnitten. Dann wird er an den gepunkteten Linien gefaltet, an den Kanten mit Lochmuster und am unteren Rand mit Zacken versehen. Wenn man jetzt den Filz wieder auseinanderfaltet, hat man einen Umhang mit Spitzenmuster. An den beiden oberen Enden müssen jetzt nur noch Goldbänder durchgezogen werden und schon kann das herrliche Cape (Käip) frierenden Teddys und auch Lollos umgehängt werden. »Sehen die nicht toll aus in Ihren Weihnachtfummeln«, scherzte Opa am Ende seiner Bastelanleitung, und das fanden Lena und Jakob auch.

Christbaumschmuck vom Südpol

»Wißt Ihr, wie am Südpol die Weihnachtsbäume aussehen?« fragte Opa bei seiner nächsten Anleitung. Also, zum einen wußten weder Lena noch Jakob, daß es am Südpol überhaupt Weihnachtsbäume gab, zum anderen konnten sie sich auch nicht vorstellen, wie diese dann aussehen sollten. »Also, Ihr wißt es nicht! Das ist gut, dann verrate ich es Euch.«

FÜR DEN BAUMSCHMUCK BRAUCHT IHR:
1 große, feste Pappe (70 × 100 cm),
rote, schwarze und weiße Plakafarbe,
eine Schere.

»Das Ganze nennt sich Pinguinschmuck (Ah! Südpol!), und ich lege Euch die Schnittmuster bei«, schrieb Opa munter. Tatsächlich müssen die Schnittmuster auf die Pappe übertragen werden. Wenn man es geschickt anordnet, bekommt man ganz viele Pinguine auf eine Pappe. Der Rest ist ganz einfach. Die auf der Skizze mit den Farben gekennzeichneten Flächen werden entsprechend mit der Plakafarbe bemalt. Natürlich kann man auch ganz andere Farben nehmen. Je mehr Pinguine man hat, desto lustiger sieht ein Weihnachtsbaum aus.

Da diese Pinguine ja ein munterer Haufen sind, ist auf dem Weihnachtsbaum ganz schön was los. Toll sieht es aus, wenn die Pinguine mit dicken roten Schleifen an den Weihnachtsbaumästen befestigt werden. Dazu noch rote Kerzen und ein herrlicher Südpolweihnachtsbaum ist fertig.

»Puh, ich weiß, das ist jede Menge Arbeit, aber Ihr werdet sehen, es lohnt sich!« schrieb Opa aufmunternd am Ende seiner Anleitung zum Südpol-Weihnachtsschmuck.

Fensterbilder

»Mein Gott, ist das heute scheußlich draußen«, beschwerte sich Opa auf einer Seite seines ellenlangen Briefes. »Man mag gar nicht die Vorhänge aufziehen, es ist ja eh nur graue Suppe, die vom Himmel tropft, und der Himmel selbst sieht aus wie Bolle.« (Wer auch immer Bolle gewesen sein mag, offensichtlich sah er grau und unfreundlich aus.) Lena und Jakob konnten sich das gut vorstellen. »Kinder, dagegen muß man etwas unternehmen, wir werden einfach die Fenster verkleiden.«

Für Fensterbilder braucht Ihr:

viele Bögen Seidenpapier in verschiedenen Farben,
am besten pink, orange, blau und grün,
Schere, Klebstoff, Goldfolie.

»Schneidet die Seidenpapiere in 35 cm breite Bahnen. Dann reißt Ihr immer wieder etwa 20 cm hohe Stücke ab. Immer abwechselnd in den Farben werden die Stücke aneinandergeklebt, so daß die Reißkanten übereinander kommen und dadurch im Gegenlicht eigentümliche Muster bilden.«

Die bunten Streifen werden nun einmal in der Mitte und dann noch einmal in deren Mitte gefaltet. Dann macht man alle paar Zentimeter kurze Schnitte, immer zwei davon näher zusammen, dann wird der Streifen auseinandergefaltet.

Aus Goldpapier schneidet man nun Sterne, Engel, Nikoläuse oder Glocken aus und hängt sie in die Halteschlitze der bunten Seidenpapierbahnen. So entsteht ein durchsichtiger Vorhang mit scheinbar schwebenden Dekorationen, durch den bei Tag schön das Licht fällt und am Abend, wenn man Kerzen angezündet hat, sich das Licht in den goldenen Teilen fängt.

»So, jetzt sieht das schon anders aus«, meinte Opa am Ende seiner Beschreibung und war sichtlich zufrieden mit der neuen Fensterdekoration, auch wenn er sie nur beschrieben hatte.

Wunschzettel

»Ich sehe Euch an der Nasenspitze an, daß Ihr schon lange darauf wartet, daß ich das Thema Wunschzettel erwähne«, schrieb Opa, der überhaupt nichts von ihren Nasenspitzen wissen konnte, da er ja weit weg war. Lena und Jakob faßten sich dennoch erschrocken an ihre Nasen, weil der Opa mal wieder ihre Gedanken erraten hatte. »Ja, auch so ein Wunschzettel will gestaltet sein«, meinte Opa. »Von nichts kommt nichts, und das Christkind möchte die Wünsche der vielen Kinder ja auch nicht auf Butterbrotpapier entgegennehmen«, philosophierte Opa weiter in seinem Brief. »Also, am besten ist, ich sage Euch, wie der ultimativ schönste Wunschzettel aussehen könnte.«

FÜR DEN WUNSCHZETTEL BRAUCHT IHR:
je 1 Foto von Jakob und Lena,
das man zerschneiden darf,
Wellpappe (20 × 30 cm),
dunkelblaue Plakafarbe, Goldfarbe,
1 Stück gelbe Pappe, Klebstoff,
dicke Borstenpinsel, 1 Sternenplätzchenform.

Auf die Wellpappe werden die Fotos von Jakob und Lena aufgeklebt. Dann wird der Borstenpinsel erst in die blaue Farbe getaucht und die Farbe mit dicken Wischern auf der Pappe verteilt. Die Farbe kann ruhig zum Teil über die Bilder gehen, aber natürlich nicht übers Gesicht. Wenn die Farbe trocken ist, werden in derselben Technik dicke Goldwischer aufgetragen.

Nach dem Trocknen kommt die Plätzchenform zum Einsatz. Das Förmchen wird auf die gelbe Pappe gelegt und mit Filzer außen die Sternkontur nachgefahren. Das macht man bis keine Sterne mehr auf die Pappe passen und zum Schluß schneidet man alle Sterne aus.

Jetzt bekommen Lena und Jakob eine Anzahl ausgeschnittener Sterne. Auf jeden wird nur ein Wunsch geschrieben. Schließlich werden die Wunschsterne alle bunt durcheinander auf der Wellpappe verteilt und aufgeklebt. Oben wird dann noch ein Loch in die Wellpappe gestanzt, am besten mit einem Locher, und ein Bändchen durchgezogen.

Diesen Wunschzettel kann man an Lampen, Türen und Fenstergriffen aufhängen oder wo auch immer man möchte in der Wohnung. »Ich bin sicher: An so einem schönen Wunschzettel kann das Christkind nicht vorbeigehen, ohne den einen oder anderen Wunsch zu erfüllen. Und die Wunschsterne, die sich nicht erfüllt haben, könnt Ihr ja bis zum nächsten Jahr aufheben und schauen, ob sie dann immer noch ein Herzenswunsch von Euch sind«, schrieb Opa zum Abschluß seiner Wunschzettel-Bastelidee.

O Tannenbaum

»Zu Weihnachten gehören unbedingt Lieder, und mein Lieblingslied ist schon immer „O Tannenbaum“ gewesen«, schrieb Opa munter. Ach, wie gut Lena und Jakob sich das vorstellen konnten: Opa mit lauter Stimme „O Tannenbaum“ schmetternd, so daß Omas Vasensammlung bedrohlich wackelt. »Als erstes schicke ich Euch mal Noten und Verse von „O Tannenbaum“, aber das lustigste ist, neue Verse zu dichten. Ich lege Euch mal meine Lieblingsvariationen bei.«

Herrlich, auf Opas Gedichte freuten sich Lena und Jakob schon mächtig. Lena holte ihre Blockflöte, und schon konnte es losgehen mit dem Singen von Weihnachtsliedern.

Und das sind Opas Varianten:

O Tannenbaum, o Tannenbaum
ich hab die Nase angehaun
jetzt sitz ich da und weine recht
und alle hörn, es geht mir schlecht
O Tannenbaum, o Tannenbaum
ich hab die Nase angehaun.

(Armer Opa, man konnte sich richtig seine weinerliche Stimme dazu vorstellen.)

O Tannenbaum, o Tannenbaum
der Dackel Fips ist abgehaun
er ist auf krummen Beinen weg
jetzt sitzt er still in einem Eck
O Tannenbaum, o Tannenbaum
der Dackel Fips ist abgehaun.

Nach diesen Opas Lieblingsversen verbrachten Lena und Jakob noch den ganzen Nachmittag damit, eigene Variationen zum Thema „O Tannenbaum“ zu dichten.

Weihnachtskarten basteln

»Ich freue mich immer, wenn Ihr Eure selbstgebastelten Karten schickt, ich hebe sie alle auf«, schrieb Opa und meinte »wäre es nicht schön, wenn Ihr zu Weihnachten eine ganze Kollektion anfertigen würdet. Ich hätte da so eine Idee.«

FÜR DIE WEIHNACHTSKARTEN BRAUCHT IHR:

leere Käseschachteln,
alte Zeitungen,
Gummi-Arabicum,
Wasserfarbe und Pinsel.

»Reißt die Zeitungen in kleine Schnipsel und weicht sie in Wasser ein. Dann gebt Ihr ein wenig Gummi-Arabicum dazu und rührt kräftig um. Nun laßt Ihr das Ganze noch eine Weile (ungefähr eine halbe Stunde) ziehen. Dann nehmt Ihr die Käseschachteln und legt den Boden mit den feuchten Zeitungsschnipseln schön dicht aus.«

»Jetzt muß das Ganze gut trocknen, und dazu werden die Schachteln auf die Heizung gestellt. Nach dem Trocknen könnt Ihr mit Plakafarbe die nun entstandenen Pappmaché-Scheiben anmalen. Auch jetzt ist wichtig, daß alles gut trocknet. Dann löst Ihr die Scheiben vorsichtig aus den Schachteln heraus. Mit einer Schere schneidet Ihr nun schöne große Zacken in die Ränder, so daß dicke Sterne entstehen.«

»Mit Filzer könnt Ihr nun prima Weihnachtswünsche darauf verteilen. Jetzt müßt Ihr die Sternkarten nur noch in ein Kuvert stecken, das Ihr mit einer Pappe innen verstärkt habt, damit die Sterne nicht brechen. Und schon kann die Weihnachtspost in alle Welt verschickt werden. Wenn Ihr wollt, könnt Ihr in die Sterne noch kleine Löcher schneiden und ein Bändchen durchziehen, so daß der Empfänger die Sterne aufhängen kann.« Begeistert machten sich Lena und Jakob an die Arbeit und suchten als erstes Käseschachteln.

Die Papierkrippe

»Ach Kinder, früher gab es in jeder Familie eine Familienkrippe. Die wurde an Weihnachten aus dem Keller geholt und im Wohnzimmer aufgestellt. Gelegentlich hat man auf dem Weihnachtsmarkt die eine oder andere Figur nachgekauft, aber so im großen und ganzen blieb die Krippe in ihrer Form erhalten. Es wäre doch schön, wenn Ihr Euch eine Krippe selber basteln könntet.
Vielleicht hilft es Euch, wenn ich Euch verrate, wie man eine kleine Papierkrippe baut.«

FÜR DIE KRIPPE BRAUCHT IHR:
3 Pappen (50 × 70 cm),
Schere, Farbkasten,
Klebstoff.

Der Grundriß der Papierkulisse wird auf die Pappen gezeichnet und ausgeschnitten, ebenso die anderen Teile. An den Laschen wird alles an den gekennzeichneten Stellen und Linien aufgeklebt. Dann werden die Teile bemalt. Schließlich werden die Personen und Tiere ausgeschnitten und auch angemalt. Jetzt kann man die Krippe auch dekorieren, wie man will. Und wenn es ganz besonders schön werden soll, wird aus Goldpapier auch noch ein Komet mit Schweif angefertigt. Den macht man dann so groß, daß er in seinem ganzen Bogen über die Krippe paßt.

Das war eine große Aufgabe, und Lena und Jakob verbrachten ein ganzes Wochenende mit dieser großen Bastelei. Als alles fertig war, schickten sie Opa ein Foto von ihrer eigenen Papierkrippe.

10 kleine Nikoläuse

Opa meinte auf seiner nächsten Briefseite: »Ladet doch acht Freunde ein. Wenn alle Kekse gegessen sind und alle Kinder Schokoladenbärte von den Lebkuchen haben, sollen sie sich im Kreis aufstellen. In der Mitte stehen neun Stühle, also immer einer weniger als die Anzahl der Mitspieler. Während ein Vers aufgesagt wird (macht vielleicht Mutti), wandern alle zehn Kinder um die neun Stühle herum. Derjenige, der vorliest, hört irgendwann auf zu sprechen, dann müssen alle versuchen, einen Sitzplatz zu bekommen. Wer keinen erwischt, scheidet aus, und alle sagen noch mal den Vers auf. Nach jeder Runde wird ein Stuhl weggenommen. So geht es, bis der Sieger den letzten Stuhl erobert hat. Dazu gibt es ein herrliches Lied, das man nach der Melodie „10 kleine Negerlein“ singen kann. Nach jeder Runde wird die nächste Strophe gesungen. Ich habe Euch mal alle zehn Strophen aufgeschrieben. Am besten, Ihr kopiert diese zehn Strophen für alle Gäste, damit jeder das Lied auswendiglernen kann.« Gesagt – getan, am nächsten Tag wurden acht Freunde eingeladen und los ging‘s.

Die Strophen:

Zehn kleine Nikoläuse
gehen durch den Schnee
dem einen fliegt die Mütze weg
da waren‘s neun, oh weh!

Neun kleine Nikoläuse
nehmen einen Sack,
der eine plumpst in den Sack hinein
da waren‘s nur noch acht!

Acht kleine Nikoläuse
wollen einmal fliegen
einer nur der traut‘ sich nicht
da waren‘s nur noch sieben!

Sieben kleine Nikoläuse
backen einen Keks
dem einen schmeckt der Teig zu gut
da waren‘s nur noch sechs!

Sechs kleine Nikoläuse
stricken neue Strümpf
dem einen geht die Wolle aus
da waren‘s nur noch fünf!

Fünf kleine Nikoläuse
sitzen am Klavier
der eine kennt die Noten nicht,
da waren‘s nur noch vier!

Vier kleine Nikoläuse
tanzen Ringelreihn
der eine dreht sich viel zu schnell,
da waren‘s nur noch drei!

Drei kleine Nikoläuse
kochen Haferbrei
der eine mag den Brei nicht gern
da waren‘s nur noch zwei!

Zwei kleine Nikoläuse
wollen Sieger sein
doch leider kann‘s nur einer sein
der andere geht dann heim!

<u>FÜR DAS SPIEL BRAUCHT IHR:</u>
einen Stuhl weniger als Mitspieler,
alle Stühle in einer Reihe aufstellen,
immer einer linksherum, einer rechtsherum

Die Verse werden nach der Melodie „10 kleine Negerlein“ gesungen.

Geschenkschachteln basteln

»So, jetzt ist eigentlich fast alles vorbereitet für das große Fest. Halt, nein, etwas ganz Wichtiges fehlt ja noch: die Geschenke! Die hätte ich jetzt vor lauter Basteln ganz vergessen.« (Als ob Opa die ganze Zeit gebastelt hätte?!) »Als erstes machen wir vielleicht die passenden Schachteln zum Verschenken, dann wissen wir genau, wie groß wir die Geschenke basteln müssen«, schrieb Opa wie immer voller Tatendrang.

<u>FÜR DIE SCHACHTELN BRAUCHT IHR:</u>
Tonpapiere in verschiedenen Farben
(20 mal 20 cm oder 40 × 40 cm),
Plakafarben, alte Illustrierte, Klebstoff.

Als erstes müssen Tonpapiere wie auf der Bastelanleitung gefaltet werden. Wenn man dann genügend Schachtelteile beieinander hat, kombiniert man Schachtel und Deckel. Das Anmalen und Dekorieren kann losgehen. Lustig sind die Schachteln, wenn man den Deckel auf die Schachtel gestülpt hat und nun beides rundherum mit Streifen aus weißer Plakafarbe versieht. Stehen alle Schachteln nun gestreift da, kann man aus alten Illustrierten lustige Tiermotive ausschneiden, die man aufklebt. Die Motive können ruhig größer als der Deckel sein, dann klebt man sie einfach rundum auf die Schachtel und schneidet sie dort aus, wo sie über den Übergang vom Deckel zum Boden gehen. Schließlich steht eine Parade herrlicher ähnlicher und doch nicht gleicher Schachteln da und sind allein schon ein schönes Geschenk. Lena und Jakob waren mit solchem Feuereifer dabei, daß sie schließlich viel zu viele Schachteln hatten. Was sollten sie da nur reintun?

1
2
3
4
5
6

Dufte(nde) Geschenke

»So und nun sitzt Ihr da und wißt nicht, was Ihr reintun sollt, stimmt´s?« Woher wußte Opa das nur? Na ja, wahrscheinlich wissen Opas eh alles. »Ich verrate Euch jetzt schöne kleine Geschenke, aber nur, wenn ich dann auch eines bekomme.« Na, das verstand sich ja von selbst, daß Opa etwas Schönes zu Weihnachten bekommen sollte. Doch zuerst bastelten Lena und Jakob alle Vorschläge nach, die Opa ihnen geschickt hatte.

FÜR KLEINE DUFTKISSEN BRAUCHT IHR:
Stoffreste, Geschenkbänder,
eine getrocknete Orangenschale,
zwei Zimtstangen, 10 Nelken,
eine wohlriechende Seife.

»Orangenschale, Zimt und Nelken werden in kleine Stücke gebrochen. Von einer wohlriechenden Seife werden Stückchen abgeschabt. Dann legt Ihr einen kleinen Teller mit etwa 20 cm Durchmesser auf die Stoffreste und fahrt mit einem Bleistift die Kontur nach. Dann wird der Stoff an dieser Linie ausgeschnitten. In die Mitte des Stoffes legt Ihr nun die Gewürzmischung.
Wer will, kann auch ein paar Tropfen Parfum dazugeben (»Ich nehme immer das von Oma«, schrieb Opa, und Lena und Jakob konnten sich das Lachen nicht verkneifen, weil Opa dies sicher heimlich tut.) Nun wird der Stoff in der Mitte zusammengenommen und mit einem Bändchen verschlossen. Wer ein paar getrocknete Rosenköpfe zur Hand hat, kann diese noch oben hineinstecken.
Die Duftsäckchen sind ein wunderbares Geschenk, das sich jeder gerne in den Wäscheschrank legt.«

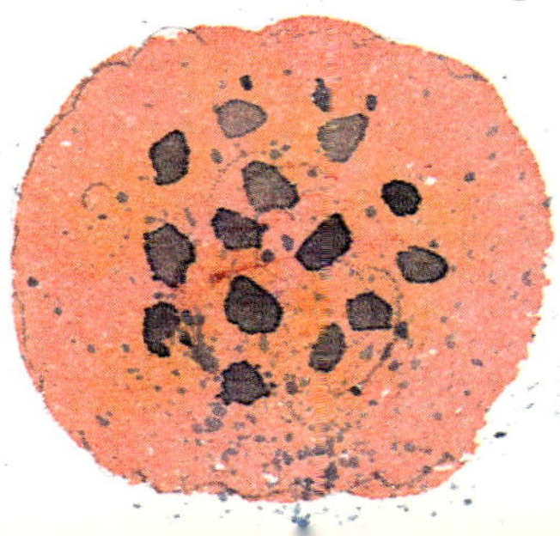

»So, und weil wir gerade bei getrockneten Blumen und Zweigen sind, habe ich noch eine Geschenkidee«, schrieb Opa:

<u>Für persönliches Briefpapier braucht Ihr:</u>
getrocknete oder gepreßte Rosen oder andere Blumen,
schönes weißes Briefpapier,
Klarlack, Pinsel, Klebstoff.

Die getrockneten Rosen werden zu zweit oder einzeln auf den Kopf eines Briefbogens geklebt. Dann werden sie mit Klarlack lackiert, aber aufpassen, daß möglichst kein Lack aufs Papier tropft. Dann schreibt man mit Schönschrift den Namen des Beschenkten darunter. Das Ganze macht man fünfmal und legt dann noch fünf Kuverts dazu. Auf die Kuverts hat man vorher eine getrocknete Rose gelegt (nicht geklebt), und mit einem Borstenpinsel, der in sehr flüssige Plakafarbe getaucht wurde, sprüht man wie auf Seite 16 beschrieben die Farbe darauf. Die Rosenschablone erscheint dann mit einem zarten Farbkranz auf dem Kuvert, und man hat wunderschöne persönliche Briefpapiere zum Verschenken.

Genau so ein Briefpapier haben Lena und Jakob dann für Opa auch gemacht und in eine wunderschöne Schachtel gelegt, die ebenfalls mit getrockneten Rosen beklebt war. Mit einem schönen Brief haben sie sich bei Opa für die herrlichen Anleitungen, wie man dem Christkind bei der Arbeit hilft, bedankt und Opa gebeten, schon mal fürs nächste Jahr Ideen zu sammeln.

Die Deutsche Bibliothek – CIP-Einheitsaufnahme
Paxmann, Christine:
24 Tage noch bis Weihnachten: Spiel- und Bastelideen/
Christine Paxmann. – Augsburg: Pattloch, 1995
(Mitmachbuch gegen Langeweile)
ISBN 3-629-00302-8
NE: HST

Umschlaggestaltung, Layout und Illustrationen: Christine Paxmann, München

PATTLOCH VERLAG AUGSBURG 1995

Satz: Kempf und Teutsch, München
Reproduktion: Litho Art, München
Druck und Bindung: Proost, Turnhout
Gedruckt auf chlorfrei gebleichtem Papier
Printed in Belgium

ISBN 3-629-00302-8